Ik.9443

AF258164

MÉMOIRE

DU

CONSEIL DES DÉLÉGUÉS DES COLONIES

SUR

LA SURTAXE DES SUCRES.

PARIS,

TYPOGRAPHIE DE FIRMIN DIDOT FRÈRES,
RUE JACOB, 56.

1843.

DE LA SURTAXE

SUR LES

BIBLIOTHÈQUE ROY...

SUCRES DES COLONIES.

Les colonies sont, depuis longtemps, l'objet d'une vive critique sous le rapport industriel. On leur reproche amèrement de n'avoir pas su marcher avec les progrès de la science, et d'en être encore, pour la fabrication de leur principal produit, le sucre, aux premiers errements de l'industrie.

Nous croyons que l'opinion publique a été égarée sur cette question comme sur beaucoup de celles qui concernent ces pays éloignés, que si peu de personnes connaissent; et nous ne craignons pas de dire —, que si, sous ce rapport, on devait adresser un reproche aux habitants des colonies, ce serait peut-être celui d'avoir subi avec trop de résignation les volontés de la métropole, et de n'avoir pas su faire entendre leurs justes plaintes contre les mesures législatives qui, depuis près de deux siècles, ont comprimé leur industrie, et la condamnent encore aujourd'hui à l'impuissance.

Un court historique de cette législation pourra, nous l'espérons, faire revenir de bien des erreurs, et ce sera avoir rendu un grand service à la cause coloniale; car, en France, la réparation ne se fait pas longtemps attendre, quand l'injustice est dévoilée.

Fondées sous un régime de protection et d'encouragements, les colonies françaises ont pu, dans leur origine, développer librement leur culture et leur industrie. Aucun obstacle ne s'élevait alors pour comprimer l'activité et l'intelligence de leurs habitants.

Plusieurs actes de nos rois, et spécialement un règlement de 1638, eurent pour objet d'encourager, par des avantages particuliers, la culture de la canne à sucre dans les îles du Vent (1); et, jusqu'en l'année 1669, l'exportation directe des sucres de nos îles dans tous les ports d'Europe fut autorisée (2).

Enfin, la déclaration de 1667, le premier acte par lequel une taxe fut établie sur les sucres nationaux, fixait cette taxe à la modique somme

(1) Collection des mémoires, par Moreau de Saint-Méry.
(2) *Histoire philosophique des deux Indes,* tome VII.

de 3 francs par quintal, sans distinction d'espèce (1).

Sous un régime aussi protecteur, les colonies firent de rapides progrès, et déjà, en 1682, leurs importations dans la métropole atteignaient le chiffre de 27 millions de livres (2).

C'est aussi de cette époque que datent les premières restrictions mises à leur production, dans le but de favoriser une industrie nouvellement établie dans la métropole, sous le nom de *raffinerie*; industrie contre laquelle les colonies ont continuellement eu à lutter depuis lors, mais qui, par les avantages de sa position, a eu assez de puissance pour ne leur permettre de se mouvoir que dans les limites nécessaires pour assurer le développement de sa prospérité.

Voici comment le célèbre auteur de l'*Histoire philosophique des deux Indes* rend compte des premières prétentions de cette industrie :

« Les raffineurs demandèrent, en 1682, que « la sortie des sucres bruts fût prohibée. L'in- « térêt public paraissait leur unique motif. Il « était, disaient-ils, contre tous les bons prin- « cipes, que les matières premières allassent ali-

---

(1) Exposé des motifs du 21 décembre 1832.
(2) *Histoire philosophique des deux Iudes*, tome VII.

« menter les fabriques étrangères, et que l'État
« se privât volontairement d'une main-d'œuvre
« très-précieuse. Cette raison, qu'ils présentèrent
« avec l'énergie qu'inspire toujours l'intérêt par-
« ticulier, séduisit le ministère. »

Les colons prirent alors le parti de raffiner
leur sucre eux-mêmes; mais les raffineurs de la
métropole obtinrent bientôt que ce sucre sup-
porterait un droit de 8 francs à son entrée dans
le royaume.

Peu après, en 1684, ils firent rendre un décret qui défendit d'établir aux colonies de nouvelles raffineries; et comme cette nouvelle in-
terdiction ne suffisait pas, au gré des raffineurs,
pour arrêter l'importation des sucres épurés de
nos colonies, on alla jusqu'à les assimiler à la
production étrangère en élevant à 15 livres pour
le sucre terré, et à 22 livres 10 sous pour le raffiné, le droit qui n'était que de 3 francs sur le
sucre brut (1).

Telles furent les premières entraves apportées
à l'industrie sucrière des colonies. Elles eurent,
à cette époque, les mêmes conséquences que
l'on a pu remarquer dans ces derniers temps,
c'est-à-dire que le découragement s'emparant

____

(1) *Histoire philosophique des deux Indes*, tome VII.

des colons, ils apportèrent une extrême négli-
gence dans leur fabrication, et à ce point que le
sucre brut qui se vendait, en 1682, 14 et 15 fr.
le cent, n'en valait plus que 5 ou 6 en 1713 (1).

L'année 1717 fut une époque de réaction fa-
vorable aux colonies, et les lettres patentes
d'avril, en réduisant à 5, 8 et 10 francs le droit
sur les sucres bruts, terrés et raffinés (2), vin-
rent relever le courage de leurs habitants, et
redonner de l'activité à leur industrie.

Il paraît que, renonçant alors à lutter contre
les raffineurs de la métropole, ils bornèrent
leurs perfectionnements à produire des sucres
terrés; et le développement de cette fabrication
fut tel, qu'en 1788 la seule colonie de Saint-Domingue exporta 70,227,000 livres de sucre blanc,
valant 28 millions de francs, contre 93,177,000
livres de sucre brut ayant une valeur de 21 millions (3).

Ces sucres blancs passaient alors directement
dans la consommation pour servir à l'alimenta-
tion de la classe ouvrière, tandis que le sucre
brut, livré au travail de la raffinerie, était ex-

---

(1) Exposé des motifs du 21 décembre 1832.
(2) *Histoire philosophique des deux Indes*, tome VII.
(3) États fournis par M. de Barbé-Marbois, intendant de
Saint-Domingue.

clusivement réservé pour la table des riches ou exporté à l'étranger.

Ainsi, par une espèce de convention tacite, se trouvait opérée entre la métropole et ses colonies une juste répartition du travail, où toutes les deux trouvaient également des éléments de prospérité. A celles-ci la faculté de perfectionner leurs produits et de les apporter sur les marchés du royaume, sans aucune distinction de nuances ni de qualités; à celle-là le droit de les raffiner et de leur donner, par une nouvelle préparation, une qualité supérieure.

Toutefois, il paraîtrait que les raffineurs ne se tinrent pas pour satisfaits de cette situation, et qu'ils firent auprès du ministère plusieurs tentatives pour obtenir de nouvelles interdictions contre les procédés d'épuration adoptés par les colonies; mais le gouvernement, mieux éclairé alors sur l'importance politique et commerciale des colonies, sut leur maintenir la protection qui leur était due, ainsi que le constate une lettre de M. le maréchal de Castries, écrite en 1785, au gouverneur d'une de ces possessions (1).

En 1791 les démarches des raffineurs eurent plus de succès, et la loi du 20 mars donna une

______

(1) Lettre à M. le Directeur des *Annales maritimes*, par M. Lepelletier de Saint-Remy.

entière satisfaction à leurs prétentions, en élevant le droit sur le sucre terré, qui, pour la première fois, fut désigné sous le nom de *sucre tête*. Le tarif fut fixé ainsi qu'il suit :

Sucre brut, par quintal.....   4 fr.   25 c.
Sucre terré ou *sucre tête*...   18   36

Depuis lors la législation ne nous présente plus qu'une longue série de persécutions contre l'industrie coloniale. Le sucre épuré de ces possessions fut poursuivi par différents décrets qui augmentèrent successivement la surtaxe qui lui était imposée, jusqu'à ce qu'enfin il eut disparu du marché.

Ainsi firent :

Le décret du 17 ventôse an II, qui fixa le tarif à 30 francs pour le brut et 50 pour le terré.

— Le décret du 8 floréal an II, qui éleva ce tarif à 40 et 80 francs.

C'est à cette époque qu'il faut faire remonter la décadence de l'industrie coloniale; car les planteurs n'ayant plus d'intérêt à perfectionner des produits qui se trouvaient d'autant plus imposés qu'on avait apporté plus de soins et d'intelligence à les fabriquer, renoncèrent à toute production autre que celle du sucre brut. C'était, après un siècle, être revenu à l'enfance de l'art.

Nous citerons, afin de bien faire apprécier le

système qui prévalait alors, un passage d'uné lettre du 23 août 1804, écrite par le directeur des douanes au ministre des finances (1).

« La classe peu imposée du peuple, qui com-
« pose la grande majorité de la nation, con-
« somme le sucre terré plus ou moins épuré,
« c'est-à-dire tête ou terré ; nos raffineries per-
« dent dans cette consommation un débouché
« immense. »

Ainsi, sous le prétexte de protéger le travail métropolitain, on se résignait à enlever à la classe *peu imposée du peuple*, à la classe ouvrière, une de ses rares jouissances, et cela pour favoriser quelques industriels puissants !

Nous ne dirons rien des décrets des 8 février et 10 novembre 1810, qui, se ressentant de la situation violente dans laquelle la France se trouvait alors, élevèrent le tarif des sucres à un chiffre en quelque sorte prohibitif pour toutes les qualités ; mais la loi du 28 avril 1816 qui vint régulariser l'ordonnance de 1814, conserva le cachet de l'influence que les raffineurs devaient exercer désormais sur le tarif de notre production coloniale. En fixant à 45 francs le droit sur le sucre brut, elle l'éleva à 70 francs pour le sucre terré.

---

(1) Lettre à M. le Directeur des *Annales maritimes*, par M. Lepelletier de Saint-Remy.

Aussi, l'industrie coloniale, enserrée dans cette législation de fer qui la condamnait à l'impuissance, perdit entièrement toutes ses traditions, se dégrada peu à peu, et ne fournit plus à l'exportation que des sucres des plus basses qualités.

Des plaintes unanimes se firent entendre contre la prétendue inintelligence des colons. Le commerce des ports, et la raffinerie elle-même, accusèrent avec tant d'aigreur leur défaut d'industrie, que le gouvernement se crut obligé d'intervenir. Le ministère de la marine envoya dans toutes les colonies des instructions sur la fabrication du sucre, et les fit parcourir par des hommes experts dans cette science, avec mission de faire l'éducation des colons. Telle est la puissance des préjugés, que l'on ne se doutait pas alors que cette situation était la conséquence de la législation qui pesait sur l'industrie coloniale !

Toutefois, les colons ne restèrent pas sourds aux plaintes de la métropole. La sucrerie indigène, il faut le reconnaître, avait fait faire quelques progrès à cette industrie, et de nouveaux procédés de fabrication étaient découverts. Une marge existait entre le sucre brut et le terré, et là pouvait se trouver la place suffisante pour un perfectionnement; cette place fut bientôt oc-

cupée, et des produits mieux fabriqués arri-
vèrent sur le marché (1).

Mais aussi la raffinerie de la métropole s'en
alarma; et, toujours éveillée sur tout ce qui peut
porter la moindre atteinte à ses intérêts, elle
ne tarda pas à obtenir des pouvoirs de l'État de
lui sacrifier le nouveau progrès qui venait de se
montrer.

Contrairement à la proposition du gouvernement (2), la commission de la Chambre des dé-
putés chargée de l'examen du projet de loi
de 1832, y introduisit un amendement qui créa,
entre le sucre brut et le sucre terré, une nouvelle nomenclature, sous le titre de *sucre brut
blanc.*

---

(1) Lors de l'enquête de 1828, on a reproché aux colons
de ne pas soigner la fabrication de leur sucre, et de ne pré-
senter à la vente que des produits inférieurs en qualité ou
en apparence aux sucres des autres pays. Cet avertissement
n'a pas été inutile : les colons ont depuis lors cherché les
moyens de perfectionner leur travail, et plusiéurs établissements de Bourbon et des Antilles y sont parvenus à l'aide
de procédés et d'appareils dont l'essai et l'emploi ont coûté
de grandes dépenses (Exposé des motifs du 21 décembre 1842).

(2) Les sucres blanchis et mieux décantés que les colonies
commencent à nous envoyer, ne seront pas distingués des
sucres bruts qui sont plus chargés de mélasses et que l'on
obtient par les anciennes méthodes. (Exposé des motifs du
21 décembre 1832.)

Cet amendement, vivement appuyé par les représentants de la raffinerie (1), fut adopté, et cette nouvelle espèce de sucre fut frappée d'une surtaxe de 15 francs par 100 kilogrammes. Dès lors les colonies durent renoncer à une production qui ne couvrait plus les dépenses qu'elle entraînait.

Ainsi la raffinerie parvint à conserver le privilége qu'elle avait conquis, en 1791, de ne laisser paraître sur le marché aucune espèce de sucre de nature à pouvoir aller à la consommation sans passer par ses mains.

Tel est, en peu de mots, l'historique des surtaxes imposées au sucre de nos colonies. Il fait voir l'industrie coloniale cherchant toujours à sortir des langes dans lesquels on l'enveloppait, mais toujours opprimée par l'influence

---

(1) Voici comment s'exprimait l'honorable M. Reynard, à la séance du 20 mai 1833 :

« Comme l'administration n'admet que deux divisions, le brut et les terrés, de là naît l'inconvénient de l'introduction de sucres supérieurs aux bruts, qui sont employés directement dans la consommation sans passer par le raffinage.

« Si vous encouragez par une faible taxe la fabrication des sucres blanchis, bientôt les colonies ne vous en enverront pas d'autres; la conséquence de cette importation sera désastreuse pour la raffinerie. »

d'une rivale d'autant plus puissante, qu'elle a toujours compté de nombreux intéressés sur les degrés des pouvoirs de l'État.

MOTIFS DES SURTAXES SUR LES SUCRES

DES COLONIES.

Trois intérêts nous paraissent s'être réunis pour faire établir les surtaxes sur les sucres de nos colonies.

1° L'intérêt des raffineurs, qui s'est toujours prévalu de la nécessité de protéger le travail national.

2° L'intérêt de la marine, à laquelle on a cru assurer une plus grande masse de transports, en forçant les colons à expédier en France leurs produits à l'état brut et non épuré.

3° L'intérêt du trésor public, qui paraissait exiger que l'impôt fût en proportion de la quantité de matière saccharine contenue dans l'espèce de sucre introduite.

Nous allons tâcher de prouver que tous ces motifs ne reposent sur aucun fondement solide, et qu'ils ont même produit un effet contraire à celui que l'on en attendait.

Sur la première question : nous ne préten-
dons pas contester le principe qui a dominé la
fondation de nos établissements coloniaux, et
par suite duquel ils furent considérés comme
destinés à produire les matières premières pro-
pres à alimenter les industries de la métropole.
Nous en comprenons l'application absolue pour
toutes les matières qui n'exigent aux lieux de
production, aucune préparation pour être ex-
pédiées en Europe, telles, par exemple, que le
coton, le cacao, les bois d'ébénisterie, etc. Mais
quand, au contraire, un produit exige déjà une
préparation coûteuse, quand on est obligé de
le soumettre à une fabrication avant de pouvoir
l'expédier, comment alors assujettir le produc-
teur à ne lui faire subir qu'une préparation dé-
fectueuse, pour que le travail métropolitain
puisse ensuite la rectifier?

Ceci, évidemment, ne saurait entrer dans la
pensée d'aucun homme sensé, et c'est cependant
ce qui se pratique à l'égard des colonies depuis
bientôt deux siècles !

Si la canne à sucre, ainsi qu'une bille de bois
d'acajou, pouvait être chargée sur un navire,
à l'état de nature, nous concevrions parfaite-
ment qu'on eût interdit aux colons toute espèce
de fabrication de sucre, pour la réserver exclusivement au travail métropolitain; mais puis-

qu'il est reconnu qu'il y a impossibilité entière d'agir ainsi, puisqu'on est dans l'obligation absolue de soumettre ce végétal, aussitôt qu'il est récolté, à une fabrication longue et dispendieuse, comment a-t-on pu fixer des limites aux perfectionnements dont cette fabrication était susceptible, afin de réserver au travail métropolitain l'avantage de rectifier ce que l'industrie coloniale aurait laissé d'imparfait ? N'y a-t-il pas dans cet acte, nous le demandons, une barbarie digne des peuples les plus reculés ?

On a prétendu avantager les ouvriers de la métropole; mais, sous un autre rapport, ne voit-on pas que c'est un impôt que l'on a prélevé, au profit de quelques grands industriels, sur les classes pauvres de la nation ? car les sucres épurés de nos colonies pourraient entrer aujourd'hui dans la consommation à l'état de cassonnade à raison de 65 centimes le demi-kilogramme, tandis que le sucre brut devant subir la double opération du raffinage, ne peut se vendre, pour les qualités les plus médiocres, au-dessous de 80 centimes (1).

----

(1) Le prix courant légal du jeudi 30 mars 1843 fixe les sucres *fine quatrième* à 128 francs les 100 kilogr. et les lumps à 160 francs; soit, et 80 centimes.

N'est-ce donc pas là retirer d'une main à l'ouvrier ce que vous paraissez lui avoir concédé de l'autre ?

A-t-on bien réfléchi, d'un autre côté, au tort que ce système a apporté à l'état social des colonies ; et ne devrait-on pas lui attribuer en grande partie cet état social, que l'on prétend réformer aujourd'hui, dans lequel on ne compte que de grands propriétaires et des prolétaires, sans pouvoir y rencontrer cette classe intermédiaire d'industriels qui, en Europe, maintient l'équilibre de la société ?

On a dit que la raffinerie donnait de l'emploi à cinq mille familles d'ouvriers ; mais si cette population de vingt-cinq mille âmes eût été exercer son industrie aux colonies, pense-t-on que la France n'y eût pas trouvé de grands avantages politiques et commerciaux ? Et cet accroissement de la population nationale sur ses possessions lointaines n'était-il donc pas de nature à y augmenter sa puissance comme à y développer son commerce ?

Toujours on a reproché aux planteurs des colonies de ne pas engager des Européens à leur service ; mais comment donc auraient-ils pu agir autrement, puisque, d'un côté, le climat leur interdisait la culture, tandis que la législation leur fermait toute carrière industrielle !

Quant à la seconde question, l'intérêt de la marine, nous croyons qu'il ne saurait plus y avoir aujourd'hui aucun doute à cet égard, après les expériences par suite desquelles il a été prouvé que l'augmentation de la production du sucre aux colonies était en raison directe du perfectionnement de la fabrication; et nous nous bornerons à rapporter ici l'opinion d'un savant dont les études ont fait faire d'immenses progrès à cette question. Voici comment s'exprime M. Pelligot dans son rapport adressé le 17 juin 1842 à M. le Ministre de la marine :

« Je ne connais pas, sans doute, les raisons « qui ont déterminé l'administration à établir « les différences suivantes dans les droits que « les sucres de nos colonies, d'Amérique par « exemple, payent à leur entrée en France :

« Sucre brut.................... 45 »
« brut blanc............... 52 50
« terré de toutes nuances... 66 50

« Il est probable que ces différences, qui, n'é-« tant pas proportionnelles à la valeur de ces « sucres sur le marché, équivalent presque à « une prohibition pour les deux dernières qua-« lités, ont été établies dans le but de favoriser « tout à la fois, la marine, en lui faisant trans-

« porter un poids plus considérable de mar-
« chandise à l'état de sucre brut, et la métro-
« pole, en lui concédant exclusivement le
« raffinage de ce sucre.

« Mais il est certain que cette mesure a été
« prise sous l'empire de convictions anciennes,
« erronées, qui attribuaient à la fabrication co-
« loniale des conditions d'existence et de sta-
« bilité différentes de celles qu'elle offre au-
« jourd'hui.

« Si, en effet, comme on le croyait autrefois,
« la canne ne peut fournir qu'un sucre coloré;
« si la mélasse qui imprègne et colore ce sucre
« ne peut être évitée; si la production du sucre
« colonial brut doit rester stationnaire quant à
« la quantité; la surtaxe des sucres blancs peut,
« jusqu'à un certain point, être comprise et
« justifiée.

« Mais si, loin de là, cette coloration est la
« conséquence d'un travail vicieux; s'il est dé-
« montré que le sucre qui préexiste dans la
« canne est blanc; qu'on l'obtient blanc quand
« on n'en détruit pas une partie; que la pro-
« portion qu'on en tire est, par conséquent,
« d'autant plus forte qu'il est moins coloré;
« que doit-on penser d'une mesure législative
« qui impose à l'industrie l'obligation exorbi-
« tante d'en produire peu et mal, et place une

« barrière devant l'une des choses que les lois
« doivent le plus respecter, la perfectibili-
« té? »

Nous n'aurons besoin de rien ajouter à ces
expressions, et cette citation suffira pour prouver combien on a nui à notre navigation,
tout en prétendant la protéger. Nous ne croyons
pas nous tromper en disant qu'on lui a enlevé
ainsi la moitié du transport que nos colonies
auraient été en état de lui fournir.

Enfin, la troisième question ne soutient pas
plus l'examen que les deux premières; et en
effet, il est de principe que les lois économiques
d'un grand État doivent toujours tendre à faire
diminuer le prix des objets de grande consommation, et qu'en cela, l'intérêt du trésor public
se trouve toujours d'accord avec celui du con-
sommateur. Dans l'espèce, ce principe ne saurait être contesté, puisque l'augmentation de
la consommation du sucre a toujours suivi la
diminution du prix de cette denrée. Et cependant, par la prohibition des sucres épurés de
nos colonies, on a toujours forcé le consom-
mateur à payer cette denrée au moins 15 cent.
de plus par $\frac{1}{2}$ kilogramme, en le mettant dans
la nécessité de ne consommer que du sucre
raffiné.

Aujourd'hui, par exemple, les classes ouvrières, qui, sans la surtaxe, pourraient acheter du sucre épuré de nos colonies à 65 centimes le ¼ kilogr., sont obligées de le payer 80 centimes au raffineur : et pense-t-on que cette différence de 15 cent. par livre n'arrête pas considérablement la consommation de cet article ?

Cela ne saurait être douteux, surtout si l'on veut remarquer que cette qualité serait précisément celle qui irait à la consommation de la classe *peu imposée du peuple, qui compose la grande majorité de la nation.* Nous ne croyons rien exagérer, en évaluant à 20 millions de kilogr. par an, la réduction produite dans la consommation, par la prohibition des sucres épurés de nos colonies ; et 20 millions de kilogr., au chiffre de 49 fr. 5o cent. par 100 kilogrammes, ne portent pas à moins de 9,5oo,ooo francs la perte annuelle éprouvée par le trésor public pour protéger, dans des conditions exagérées, les raffineries de la métropole.

DE LA SURTAXE DU SUCRE INDIGÈNE.

La loi de 1840, basée sur le principe de la pondération du sucre indigène et du sucre exotique (1), en fixant à 49 fr. 5o c. et 27 fr. 5o c., décime compris, les droits sur les deux produits, avait décidé que la protection rigoureusement due à la production indigène devait être de 22 fr. par 100 kilog.

M. le Président du conseil du 1er mars, après avoir établi avec beaucoup de clarté, que le sucre indigène, rendu sur le marché de Paris, revenait à 85 fr., tandis que le sucre colonial pouvait y être amené à 81 fr., avait cru cependant devoir faire à cette première industrie

---

(1) La Chambre a rejeté les amendements qui suppriment l'industrie indigène ; la Chambre est entrée par conséquent dans un système qui a pour but d'établir, entre l'industrie coloniale et l'industrie indigène, un système de pondération. (M. Dumont, séance du 10 mai 1840.)

la concession de cet excès de protection (1).

On était donc en droit d'espérer que le chiffre de 22 fr. serait invariable, quelles que fussent d'ailleurs les qualités et l'espèce des produits. Cet espoir n'a pas tardé à se dissiper, et le tarif sur les nuances est bientôt venu mettre un nouveau poids dans la balance en faveur du sucre indigène, puisque, par les différentes combinaisons qu'il présente, cette protection est élevée à 29 fr. 23 cent. sur le sucre brut blanc, et à 39 fr. 60 cent. sur le sucre terré (2). Seulement,

---

(1) Il est donc vrai que ce produit, si mal placé chez nous, y revient à 85 francs, tandis que le produit si heureusement placé des colonies ne peut nous arriver qu'à 81 francs. Donc en protégeant le sucre indigène, vous protégez un produit qui n'a de différence avec celui qu'on lui oppose que celle de 4 francs. (M. Thiers, séance du 9 mai 1840.)

(2) *Tarif des droits fixés par la loi de* 1840 *sur les sucres des colonies et indigènes.*

Sucre brut des colonies, par 100 k., décime compris. 49 50
Sucre brut indigène...................... 27 50
    Différence en faveur du sucre indigène..... 22
Sucre brut blanc des colonies.......... 59 75 les 100 k.
Sucre indigène au-dessus du 1ᵉʳ type
   (ou brut blanc)................. 30 52
   Différence en faveur du sucre indigène. 29 23
Sucre terré des colonies......... décime compris. 73 15
Sucre indigène, au-dessus du 2ᵉ type (ou terré)..... 33 55
   Différence en faveur du sucre indigène.... 39 60

et dans le but sans doute de dissimuler cet excès de protection, on a varié les termes de la nomenclature, et ce qui s'était appelé *sucre brut blanc* pour le produit colonial, a été désigné comme *sucre au-dessus du premier type; le sucre terré* s'est défini *par sucre au-dessus du deuxième type.*

Sans doute, on nous objectera que cette législation n'a pas donné à la production indigène une protection aussi étendue que nous le supposons, puisque, d'après les déclarations de l'administration des contributions indirectes, les sucres au-dessus du premier et du deuxième type ne seraient entrés que pour 5 p. 100 dans les quantités qui ont acquitté l'impôt.

Mais nous savons aussi que toute la surveillance de cette administration n'a jamais pu parvenir jusqu'ici à empêcher la fraude qui se fait sur les quantités de sucre déclarées à l'acquit de l'impôt. Or, si elle a été impuissante à saisir un fait aussi matériel, comment pourrions-nous croire qu'elle aurait été plus habile à s'assurer des nuances, si faciles à dissimuler, qu'on est obligé parfois de les faire reconnaître par un œil exercé?

Nous sommes donc autorisé à penser que cette administration, malgré tout le zèle qu'elle apporte à assurer son service, ne parvient pas à vérifier avec exactitude toutes les différences qui existent dans les espèces de sucre qui lui sont déclarées, et qu'en un mot la fraude se fait aussi bien sur les qualités que sur les quantités.

Et comment pourrait-il en être autrement? On sait, en effet, que, par les perfectionnements introduits dans la fabrication, on obtient très-facilement aujourd'hui des sucres épurés du premier jet. Or, si nous consultons la déclaration de M. Crespel, rapportée par M. le général Bugeaud à la séance du 9 mai 1840, nous saurons que cet honorable industriel obtenait alors en sucres de premier jet 4 p. 100 sur les 6 p. 100 qu'il retirait du poids de la betterave.

La justice nous commande de dire que M. Crespel déclarait aussi que ces sucres étaient égaux en qualité à la nuance *quatrième ordinaire*. Mais, depuis lors, il est certain que la fabrication a fait d'immenses progrès, et que là où l'on ne produisait que des sucres de qualité *quatrième ordinaire* de premier jet, on est parvenu à obtenir des sucres tout à fait épurés, c'est-à-dire pareils en qualité aux sucres raffinés. C'est encore M. le professeur Pelligot qui nous apprend ce progrès, et voici ce que nous lisons dans son rapport du 17 juin 1842 :

« On sait aussi, dit-il, que le problème difficile

« de la transformation du sucre de betterave
« brut en sucre raffiné, *sans le sortir de la*
« *forme*, est aujourd'hui complétement résolu.
« M. Boucher, fabricant à Pantin, près Paris, a
« livré et livre au commerce une très-grande quan-
« tité de sucre de betterave purifié dans la forme
« même qui a reçu le jus évaporé, et purifié de
« telle manière qu'il sort de cette forme avec
« toutes les qualités du sucre raffiné.

« Ce qui est surtout remarquable, dans la
« méthode de M. Boucher, c'est qu'elle n'offre
« rien de bien particulier : c'est un ensemble de
« soins rationnels qui s'applique à toutes les
« parties de l'opération. »

Ainsi se trouve bien établi, 1° par la déclaration de M. Crespel, que les fabricants qui sa-
vent travailler obtiennent deux tiers de leur production en sucre de premier jet ; 2° par la note
de M. Pelligot, que ce sucre de premier jet peut
être rendu égal en qualité au sucre raffiné, sans
grande difficulté, et simplement *par un ensemble*
de soins rationnels.

Or, croira-t-on que les fabricants, qui jusqu'ici ont fait preuve de tant d'intelligence pour
l'amélioration de leur industrie, qui n'ont reculé
devant aucun sacrifice d'argent pour se saisir
des procédés de perfectionnement que la science
se chargeait de découvrir pour eux ; croira-t-

on, disons-nous, que ces mêmes fabricants auront reculé devant un *simple ensemble de soins?*

Non! nous ne saurions admettre une telle supposition, et nous ne faisons aucun doute qu'ils ne se soient empressés d'imiter les bons exemples qui leur étaient donnés, et dont le résultat devait être nécessairement une augmentation considérable dans la production des sucres de nuances supérieures.

Faudrait-il donc admettre, pour expliquer la déclaration de l'administration des contributions indirectes, que les fabricants, après s'être évertués à perfectionner leurs produits, iraient ensuite les mélanger avec des produits inférieurs, afin d'éviter la surtaxe de 2 fr. 75 cent. imposée aux sucres du deuxième type? Mais ceci s'expliquerait difficilement, puisque, commercialement, ces sucres ont une valeur de 6 à 7 fr. de plus que ceux du premier type, et ces honorables industriels sont trop habiles pour faire une pareille faute de calcul.

Reste donc l'explication de la fraude, bien plus facile encore, ainsi que nous l'avons dit, sur les qualités que sur les quantités; et c'est à celle-là que nous croyons devoir nous arrêter. D'où résulte cette conséquence rigoureuse que la protection accordée au sucre indigène contre le sucre colonial, n'est plus seulement de 22 fr., comme paraît l'avoir établie la loi de 1840; mais bien de 29 fr. 23, et 39 fr. 60, suivant les circonstances.

veaux appareils à cuire le sucre, le perfectionnement de la qualité est devenu inséparable de
l'augmentation des quantités produites. Faudra-t-
il donc assujettir les producteurs de nos colonies
à détériorer leur denrée afin de pouvoir la pré-
senter sur le marché de la métropole, sans avoir
à payer une surtaxe ruineuse qui leur enlèverait
tous les bénéfices qu'ils pourraient espérer?

Mais, dira-t-on, faut-il donc sacrifier l'industrie des raffineurs? Non certes, et telle ne saurait être notre pensée. Nous savons que toutes
les industries du royaume sont sœurs et méri-
tent protection; mais cette protection doit être
renfermée dans des limites justes et raisonnées.
Le rôle de la raffinerie devrait, à notre avis, se
borner à l'épuration des produits des colonies
qui arrivent à l'état de sucres bruts; elle doit se
contenter de *rectifier*, et ne pas prétendre *empêcher*. Ce rôle a été assez beau sous la législation
de 1717, époque pendant laquelle la seule colonie de Saint-Domingue lui envoyait 93 millions
de sucre brut à travailler.

Ce n'est pas la production des colonies, nous
ne craignons pas de le dire, qui devrait faire om-
brage à nos raffineurs; ils ont un ennemi bien
autrement puissant, et bien plus à craindre dans
la production indigène. Chaque jour cette industrie envahit leur domaine, et si nous sommes

bien informé, déjà depuis deux ans vingt-cinq établissements de raffinerie auraient succombé, et seraient remplacés par autant de sucreries de betterave, où les procédés du raffinage seraient pratiqués concurremment avec la production de la matière première. Tel est véritablement l'ennemi contre lequel la raffinerie a besoin d'être protégée. Elle a assez d'intelligence de ses intérêts pour comprendre qu'ils peuvent marcher d'accord avec ceux des colonies, et qu'ils ne sauraient être compromis par le vœu que nous émettons ici, de voir disparaître de la législation sur les sucres ces surtaxes si nuisibles, jusqu'à ce moment, au développement de l'industrie des colonies et à la prospérité de ces établissements.

FIN.

PARIS. — IMPRIMERIE DE FIRMIN DIDOT FRÈRES, RUE JACOB, 56.

www.ingramcontent.com/pod-product-compliance
Lightning Source LLC
Chambersburg PA
CBHW051337060726
47596CB00004B/1667